AF559128

Émilie Hébert

# Kosmetik aus der Speisekammer

55 Rezepte
mit wenigen Zutaten

100 %
ökologisch!

Bassermann

# VORWORT

Wussten Sie schon, dass sich aus vielen Lebensmitteln auch hervorragend natürliche und pflegende Kosmetik herstellen lässt? Honig, Apfelessig, Kaffee, Bananen, Avocados, Kakao, Olivenöl und Salatgurke schmecken nicht nur köstlich, sondern sind auch noch gut für Haut und Haar. Außerdem – ein weiterer Pluspunkt – haben Sie die meisten Zutaten für Ihre Kosmetik ohnehin schon zu Hause in der Speisekammer!

Wir haben stressige Jahre hinter uns gebracht, die uns ständig vor neue Herausforderungen gestellt haben. Das hat auch unsere Art des täglichen Lebens verändert, einschließlich unseres Konsumverhaltens. Wir haben daher in vielen Bereichen nach Alternativen zum Gewohnten gesucht.

Auf den ersten Blick scheint es, als sei die Schönheitspflege so ziemlich das Letzte, worum wir uns in einer Pandemie kümmern sollten, aber sie eignet sich perfekt, wenn man sich in harten Zeiten etwas Gutes tun möchte. Gönnen Sie sich selbst ein wenig Aufmerksamkeit, denn das hilft dabei, sich zu entspannen und den Stress einfach einmal zu vergessen. In meiner Speisekammer und in meinem Kühlschrank habe ich alles gefunden, was ich brauche, um meine Haut und meine Haare auf natürliche Art und Weise zu pflegen.

Die in diesem Buch vorgestellten Kosmetikrezepte sind einfach, schnell und unkompliziert. Es werden nur wenige Zutaten gebraucht. Die wichtigsten davon finden Sie in jedem Bioladen.

Passen Sie gut auf sich auf!

ÉMILIE

Blog: emiliehebert.fr
E-Shop: make-it-beauty.com

# INHALT

## DIE KÖRPERPFLEGE



## DIE HAARPFLEGE

# EINLEITUNG

Täglich verwenden wir Kosmetikprodukte, die mit fragwürdigen Verfahren aus Inhaltsstoffen mit unaussprechlichen Namen hergestellt sind, deren Ursprung wir oft nicht kennen. Dabei liegen wirklich interessante Zutaten für die Haut- und Haarpflege direkt vor unserer Nase! In unserer Küche finden wir Lebensmittel, aus denen wir mühelos selbst eine große Auswahl an Kosmetikprodukten herstellen können.

Vielleicht kennen Sie schon ein paar Tricks, wie zum Beispiel Gurkenscheiben für die Augenpflege, Eigelb als Haarkur oder Olivenöl für die Nagelhaut. In diesem Buch finden Sie Dutzende weiterer Blitzrezepte, für die Sie nur Zutaten aus Ihrer Speisekammer oder Ihrem Kühlschrank benötigen.

Ich habe allerdings ganz bewusst noch ein paar zusätzliche Inhaltsstoffe verwendet – zum Beispiel Aloe-Vera-Gel oder Sheabutter. Das ermöglicht mir, Ihnen Rezepte für eine komplette Pflegelinie zu präsentieren: für Gesicht, Körper und Haare!

**»Die Natur bietet eine so reichhaltige und vielfältige Auswahl, dass sich dort für jede Haut eine perfekte Pflege finden lässt.«**

# DAS MÖGEN WIR NICHT!

Was Sie nicht auf Ihrem Teller haben wollen, hat auch nichts in Ihrer Kosmetik zu suchen. Vergessen Sie nicht: Die Zutaten für die Rezepte in diesem Buch finden Sie in Ihrer Küche!

## ◊ Industriell stark verarbeitete Produkte

Im Idealfall sollten alle industriell stark verarbeiteten Produkte gemieden werden, denn durch die sogenannte Raffination werden Rohstoffe nicht nur länger haltbar gemacht, sondern auch eines Großteils der Nährstoffe beraubt, die unserem Körper innerlich – durch die Ernährung – wie auch äußerlich – durch Pflegeprodukte – so guttun.

## ◊ Konventionelle Öle

Diese Öle sind völlig nutzlos, weil sie durch Verfahren, wie zum Beispiel die Befreiung von Duft- und Farbstoffen oder die Filtration, all ihrer wohltuenden Eigenschaften beraubt werden. Vermeiden Sie solche Öle soweit wie möglich!

## ◊ Milchprodukte tierischen Ursprungs

In den hier vorgestellten Rezepten verwende ich ausschließlich Joghurt pflanzlichen Ursprungs. Die Realität von Milch tierischen Ursprungs aus konventioneller Landwirtschaft ist weit von dem idyllischen und gesunden Image entfernt, das uns in der Werbung suggeriert wird. Tatsächlich enthält diese Milch eine irrsinnige Menge an Hormonen und darüber hinaus noch die Antibiotika, die den Kühen verabreicht werden. Das ist weder gut für eine gesunde Ernährung noch für die Haut.

## ◊ Pestizide

Obst und Gemüse machen einen großen Anteil der Zutaten für die hier vorgestellten Rezepte aus. Um Pestizide zu vermeiden, sollten Sie unbehandelte Produkte kaufen – vornehmlich in Bioqualität. Ganz abgesehen von den negativen Auswirkungen von Pestiziden auf die Gesundheit allgemein – sie stehen beispielsweise in Verdacht, Krebs und degenerative Erkrankungen zu verursachen –, können künstliche Schädlingsbekämpfungsmittel auch Entzündungen und Reizungen der Haut hervorrufen.

# WAS WIR LIEBEN ...

Es ist also wichtig, Zutaten und Rohstoffe von hoher Qualität zu verwenden, die so wenig wie möglich verarbeitet sind und am besten aus ökologischer Landwirtschaft stammen.

**»Die Qualität der Pflegeprodukte hängt vollständig von der Qualität der dafür verwendeten Zutaten ab. Je nährstoffreicher die Zutaten, desto stärker der Pflegeeffekt!«**

Bei der industriellen Lebensmittelproduktion werden alle möglichen Zusatzstoffe verwendet, die für eine längere Haltbarkeit, ansprechendere Farben und einen intensiven Geschmack sorgen sollen, aber das geht auf Kosten der in den Produkten enthaltenen Nährstoffe. Genau dasselbe Problem beobachten wir auch, wenn es um Pflegeprodukte geht: Haut und Haare erhalten durch ein ökologisches, saisonales Produkt mehr Vitamine und Mineralstoffe als durch industriell stark verarbeitete, pestizidverseuchte Inhaltsstoffe. Geben Sie also den lokalen Erzeugern (Biobauern, Imkern etc.), den Bio-Anbauverbänden und den Bio-Supermärkten bei Ihren Einkäufen den Vorrang.

**Hier meine absoluten Lieblingszutaten:**

## ◊ Avocados

Avocados sind reich an Vitamin B, C und E und damit ideal dafür geeignet, dem Alterungsprozess entgegenzuwirken. Außerdem enthalten sie eine Menge essenzielle Fettsäuren und Mineralstoffe. Sie sind entzündungshemmend und versorgen die Haut mit reichlich Feuchtigkeit.

## ◊ Hafer

Hafer ist ein wahres Wundermittel, wenn es um Hautpflege geht. Die im Hafer enthaltenen komplexen Kohlenhydrate und Proteine sorgen dafür, dass er der Haut Nährstoffe und Feuchtigkeit spenden kann. Außerdem enthält Hafer Beta-Glucan und B-Vitamine und ist so besonders gut für die Pflege empfindlicher und gereizter Haut geeignet: Er beruhigt und wirkt entzündungshemmend. Hafermehl können Sie direkt im Laden kaufen, besser ist es aber, es frisch zuzubereiten, indem Sie Haferflocken im Mixer zerkleinern oder mit einem Mörser zerreiben.

## ◊ Bananen

Bananen sind perfekt, wenn es schnell gehen muss. Sie sind reich an Kalium, außerdem an Vitamin C, B6 und B12. Sie enthalten aber auch eine Menge Polyphenole mit antioxidativer Wirkung. Bananen wirken heilungsfördernd und beruhigen die Haut in kürzester Zeit.

## ◊ Kakao

Auch Kakao kann zu den Wundermitteln gezählt werden, wenn es um schnelle Pflege geht. Allein schon sein köstlicher Duft sorgt augenblicklich für außergewöhnliches Wohlbefinden, aber auch in Hinblick auf die Hautpflege hat er ganz besondere Eigenschaften. Anti-Aging, Anti-Stress, Feuchtigkeit? Kakao kann das alles! Kaufen Sie auf jeden Fall Kakao in Bioqualität – und am besten Rohkakao, denn dieser hat noch alle seine wertvollen Inhaltsstoffe.

## ◊ Kokosmilch

Kokosmilch ist reich an Antioxidantien, Vitaminen und Mineralstoffen. Mit ihren natürlichen Enzymen spendet sie Ihrer Haut und Kopfhaut jede Menge Feuchtigkeit, belebt sie und reinigt sie porentief. Kaufen Sie Kokosmilch in Bioqualität. Sie sollte nicht entfettet sein, damit sie noch die ultranährstoffreichen Fettsäuren der Kokosnuss enthält. Achtung: Kaufen Sie Kokosmilch, nicht Kokoswasser!

## ◊ Honig

In der Speisekammer darf auch der Schönheit wegen Honig auf keinen Fall fehlen. Er hat eine stark anti-bakterielle Wirkung, ist wundheilend, regeneriert trockene und angegriffene Haut, lindert Verbrennungen, hilft gegen Akne und vieles mehr. In den Rezepten verwende ich zum Teil festen, zum Teil flüssigen Honig. Von der Wirkung her sind die beiden austauschbar, es besteht lediglich ein kleiner Unterschied hinsichtlich der Konsistenz des Pflegeprodukts, für dessen Herstellung der Honig verwendet wird. Wählen Sie vorzugsweise kalt geschleuderten Honig von nachhaltig wirtschaftenden Imkern aus der Region. Wenn Sie keine Produkte tierischen Ursprungs verwenden wollen, können Sie den Honig auch durch Agaven-, Ahorn- oder Reissirup ersetzen.

## ◊ Joghurt auf pflanzlicher Basis

Wenn für ein Rezept »pflanzlicher Joghurt« verwendet werden soll, haben Sie die Wahl zwischen Soja-, Kokos-, Hafer- und Mandeljoghurt. Die im Joghurt enthaltenen Enzyme – sie werden auch »Fermente« genannt – versorgen die Haut ganz hervorragend mit guten Bakterien. Das stärkt das Mikrobiom der Haut und damit auch ihre natürlichen Abwehrkräfte.

# VORRÄTE FÜR MEINE SCHÖNHEITSPFLEGE

## ◊ In der Speisekammer

- Honig
- Olivenöl, Sesamöl
- natives Kokosöl
- Maisstärke
- Kakao (vorzugsweise Rohkakao oder entölter Kakao)
- Kichererbsenmehl
- Haferflocken / Hafermehl
- Apfelessig
- Reis
- Rohrohrzucker (der ist besonders grobkörnig)
- Natron (kaufen Sie es sehr fein gemahlen oder geben Sie es noch einmal in den Mixer)
- Gartenkräuter, zum Beispiel Thymian, Rosmarin oder Petersilie (frisch oder getrocknet)
- Kaffee, gemahlen (verwenden Sie den Kaffeesatz)
- feines und grobes Salz
- Kokosmilch
- grüner Tee, Matchapulver
- Agar-Agar

## ◊ Obst und Gemüse

- Avocados
- Bananen
- Papayas
- Zitronen / Limetten
- Beerenobst: Himbeeren, Erdbeeren, Heidelbeeren u.a.

## ◊ Im Kühlschrank

- Joghurt pflanzlichen Ursprungs (siehe unter »Was wir lieben ...«, S. 10)

## ◊ Wichtige weitere Zutaten

- Kakaobutter
- weiße und / oder grüne Tonerde
- Aloe-Vera-Gel
- Sheabutter
- Bienenwachs
- pflanzliches Glycerin
- weitere pflanzliche Öle nach Belieben (Mandel, Jojoba, Rizinus u. a.)
- Rosen- oder Orangenwasser

Die Zutaten findet man in Bio-Supermärkten. Das gilt generell auch für Bienenwachs und pflanzliches Glycerin (meistens in der Kosmetikabteilung), falls nicht, wird man auf jeden Fall in der Apotheke oder im Onlinehandel fündig.

grüne Tonerde
flüssiger Honig
Kaffeesatz
Rohkakao
Zitrone
Aloe-Vera-Gel
Kokosöl
Olivenöl
Apfelessig
Natron

# GENERELLE HINWEISE

## ◊ Die Hilfsmittel: Küchenutensilien

Damit die Rezepte auch wirklich schnell umgesetzt werden können, habe ich für die Zubereitung Hilfsmittel ausgesucht, die wir alle in unserer Küche haben: Esslöffel, Teelöffel, Gabeln, Schüsseln (hitzebeständig), Tassen, Stieltöpfe, Schneebesen in unterschiedlichen Größen und anderes. Sie können auch ein Handrührgerät oder einen Mixer verwenden, falls Sie so etwas besitzen. Wenn Sie aber für die Rezepte richtig reifes Obst auswählen, können Sie es auch mit der Gabel pürieren.

## ◊ Mengenangaben

Keine Angst, Sie müssen nichts peinlichst genau abwiegen. Die benötigten Mengen werden in »Löffeln« angegeben. So geht es schnell und einfach. Bei diesen Rezepten kommt es nicht darauf an, aufs Milligramm genau zu messen. Die Angaben beziehen sich auf »gestrichene Löffel«. Ich persönlich verwende gerne amerikanische Messlöffel (siehe Foto), aber einfache Löffel aus Ihrer Besteckschublade tun es auch. Hier eine Übersicht über die Entsprechung bestimmter Löffel-/Tassenmengen in Millilitern:

- 1 Esslöffel = ungefähr 15 ml
- 1 Teelöffel = ungefähr 5 ml
- 1 Glas / 1 Tasse = ungefähr 250 ml

## ◊ Die Wasserqualität

Grundsätzlich können Sie Leitungswasser verwenden. Allerdings ist dieses zuweilen verschmutzt, daher empfehle ich, es zu filtern oder abzukochen und dann abkühlen zu lassen. Sie können das Wasser aber gerne auch durch Hydrolate (Pflanzenwasser) Ihrer Wahl ersetzen und damit Ihren Pflegeprodukten noch ein kleines Extra verleihen.

## ◊ Die Haltbarkeit

Alle Rezepte sind für eine Person und zum sofortigen Gebrauch gedacht. Bis auf wenige Ausnahmen lassen sich diese frisch zubereiteten Pflegeprodukte nicht aufbewahren.

## ◊ Die Häufigkeit der Anwendung

**Gesicht**

- Anti-Aknebehandlung, Cremes, Produkte gegen dunkle Augenringe, Make-up-Entferner, Lotionen, Wimpern-, Lippen- und Zahnpflege: täglich
- Gesichtsmaske, Lippenpeeling: 1-mal wöchentlich
- Peeling: 1- bis 2-mal im Monat

**Körper**

- Nährstoffreiche Pflege, schnelle feste Pflege, Badesalz, Bademilch, Balsam, Handpflege, Massageöl und Wachs: täglich
- Peeling: 1-mal wöchentlich

**Haare**

- Serum und Spray: täglich
- Shampoo: 2-mal pro Woche
- Spülung: bei jedem Haarewaschen
- Haarpeeling (Scrub): 1- bis 2-mal im Monat
- Kuren, Öle und Glanzpflege: 2- bis 4-mal im Monat
- Trockenshampoo: ab und zu, als »Pannenhilfe«

1/4 TSP
1/2 TSP
ML - 1 TSP
ML - 1 TBLS

# IHRE GANZ PERSÖNLICHE PFLEGELINIE

Diese Tabelle hilft Ihnen dabei, Ihre ganz persönliche Pflegelinie zu erstellen. Speiseöle können zu einem Prozent durch ätherische Öle aufgewertet werden, das entspricht 45 Tropfen auf 50 Milliliter bzw. neun Tropfen auf zehn Milliliter. Wenn Sie das in den Rezepten empfohlene ätherische Öl durch ein anderes ersetzen wollen, informieren Sie sich vorher über seine Wirkung. Für Schwangere, Stillende und Kinder unter sechs Jahren sind ätherische Öle nicht geeignet. Bei gesundheitlichen Beschwerden sollten Sie einen Arzt aufsuchen.

**Hinweis:**
Wenn Sie gegen eine der in diesem Buch aufgeführten Zutaten allergisch sind, sollten Sie diese nicht verwenden.

| | Zutaten | Pflanzenöle | ätherische Öle | Hydrolate |
|---|---|---|---|---|
| **trockene Haut** | Avocado<br>Banane | Mandel<br>Argan<br>Avocado<br>Weizenkeim<br>Macadamia<br>Jojoba | Karottensamen<br>Rose<br>Sandelholz<br>Ylang-Ylang | Kornblume<br>Orangenblüte<br>Melisse<br>Damaszenerrose<br>Mairose<br>Bambus |
| **Mischhaut / fettige Haut** | Zitrone<br>Grapefruit<br>Banane | Jojoba<br>Haselnuss<br>Macadamia<br>Schwarzkümmel<br>Heckenrose<br>Hanf | Teebaum<br>Geranium Bourbon<br>Lavendel<br>Palmarosa<br>Petit Grain Bitterorange<br>Rosmarin Verbenon | Bambus<br>Orangenblüte<br>Rosmarin Verbenon<br>Teebaum |
| **empfindliche Haut** | Avocado<br>Haferflocken<br>Honig<br>Mandelmehl<br>Banane | Ringelblumenmazerat<br>Himbeere<br>Nachtkerze<br>Jojoba | Römische Kamille<br>Immortelle<br>Neroli<br>Rainfarn | Kamille<br>Orangenblüte<br>Zistrose<br>Jasmin<br>Lavendel |
| **reife Haut** | Honig<br>Reis<br>Avocado | Argan<br>Avocado<br>Feigenkaktus<br>Macadamia<br>Borretsch | Zistrose<br>Geranie<br>Patchouli<br>Muskatellersalbei | Melisse<br>Lack-Zistrose<br>Damaszenerrose<br>Mairose<br>Weihrauch |
| **normales Haar** | Reis<br>Haferflocken<br>Kamille | Jojoba<br>Mandel<br>Aprikose | Petit Grain Bitterorange<br>Rosmarin Verbenon | Bambus<br>Rose<br>Orangenblüte |
| **leicht fettendes Haar** | Brennnessel<br>Zitrone<br>Limone<br>Grapefruit<br>Rosmarin<br>Thymian | Jojoba<br>Macadamia | Ylang-Ylang<br>Zeder<br>Teebaum<br>Lavendel | Bambus<br>Zitrone<br>Silberweide<br>Orange |
| **empfindliches / beanspruchtes Haar** | Haferflocken<br>Himbeeren<br>Avocado | Rizinus<br>Jojoba<br>Haferflocken | Stechwacholder<br>Rosmarin Verbenon | Orangenblüte<br>Rosmarin Verbenon |
| **Haarausfall** | Brennnesselpulver<br>Zitrone<br>Rosmarin<br>Thymian | Rizinus | Rosengeranium<br>Grapefruit<br>Cajeput<br>Ingwer | Brennnessel<br>Silberweide |

# Die Gesichtspflege

# ANTIOXIDATIONS-MASKE
## *mit Kakao*

Kakao gehört zu den wichtigsten Zutaten für hausgemachte Pflegeprodukte. Er ist reich an Antioxidantien (Flavonoiden) und Mineralstoffen und hat damit eine stark antioxidierende und wundheilende Wirkung. Verwenden Sie ungezuckerten und wenn möglich rohen Kakao, sodass Sie seine Nährstoffe vollständig nutzen können …

### *Sie brauchen*

- 1 Schüssel
- 1 Esslöffel
- 1 Teelöffel

**Haltbarkeit:** zum sofortigen Verbrauch

### *Zutaten*

- 1 Esslöffel Kakao (entölt)
- 1 Esslöffel weiße Tonerde
- 1 Teelöffel Olivenöl
- 2 Esslöffel Wasser

### ZUBEREITUNG

Vermischen Sie das Kakaopulver mit der Tonerde in einer Schüssel und fügen Sie dann die flüssigen Zutaten hinzu. Verrühren Sie alles, bis eine homogene Paste entsteht.

### ANWENDUNG

Tragen Sie die Mischung auf die saubere Haut auf. Nach einer Viertelstunde Einwirkzeit spülen Sie die Maske mit reichlich Wasser unter kreisenden Fingerbewegungen ab. Trocknen Sie das Gesicht mit einem frischen Handtuch.

# REINIGENDE MASKE
## mit Petersilie und Limone

Petersilie ist nicht nur in der Küche beliebt, sondern hat auch herausragende kosmetische Eigenschaften. Sie steckt voller Vitamine, Mineralstoffe und Spurenelemente, was ihr eine reinigende, antiseptische und belebende Wirkung verleiht. Zusammen mit dem sanft reinigenden Kichererbsenmehl eignet sich diese Maske perfekt für unreine Haut.

 Sie brauchen

- 1 Schüssel
- 1 Messer
- 1 Esslöffel
- 1 Teelöffel

**Haltbarkeit:** zum sofortigen Verbrauch

 Zutaten

- 10 Blätter frische Petersilie
- Saft aus 1 Limette
- 2 Esslöffel Kichererbsenmehl
- 1 Teelöffel flüssiger Honig
- 1 Esslöffel Wasser

### ZUBEREITUNG

Hacken Sie die Petersilie fein und vermischen Sie sie mit den anderen Zutaten. Rühren Sie die Mischung in einer Schüssel, bis sie eine homogene Konsistenz erreicht hat.

### ANWENDUNG

Tragen Sie die Mischung auf die saubere Haut auf. Nach einer Viertelstunde Einwirkzeit spülen Sie die Maske mit reichlich Wasser unter kreisenden Fingerbewegungen ab. Trocknen Sie das Gesicht mit einem frischen Handtuch.

# BELEBENDE PFLEGEMASKE
## mit Kurkuma

Kurkuma ist in der Küche als unglaublich gesundes Lebensmittel bekannt. Auf der Haut wirkt diese Wurzel gegen Akne, reguliert die Talgproduktion und beugt dank ihrer antioxidativen Eigenschaften der Hautalterung vor. Außerdem lässt Kurkuma die Haut strahlen.

###  Sie brauchen

- 1 Schüssel
- 1 Esslöffel
- 1 Teelöffel

**Haltbarkeit:** zum sofortigen Verbrauch

###  Zutaten

- 1 Teelöffel Kurkumapulver
- 1 Esslöffel Kichererbsenmehl
- 2 Esslöffel pflanzlicher Joghurt
- 2 Esslöffel Wasser

### ZUBEREITUNG

Vermischen Sie das Kurkumapulver und das Kichererbsenmehl in einer Schüssel, fügen Sie dann die restlichen Zutaten hinzu und verarbeiten Sie anschließend alles, bis eine homogene Paste entsteht.

### ANWENDUNG

Tragen Sie die Mischung auf die saubere Haut auf. Nach einer Viertelstunde Einwirkzeit spülen Sie die Maske mit reichlich Wasser unter kreisenden Fingerbewegungen ab. Trocknen Sie das Gesicht mit einem frischen Handtuch.

# MASKE FÜR EINEN EBENMÄSSIGEN TEINT
## *mit Grapefruit*

Die natürlichen Säuren der Grapefruit exfolieren die Haut sanft und reinigen die Poren, während der Hafer Entzündungen beruhigt. Das Ergebnis: ein ebenmäßiger, strahlender Teint.

 *Sie brauchen*

- 1 Schüssel
- 1 Esslöffel

**Haltbarkeit:** zum sofortigen Verbrauch

 *Zutaten*

- Saft einer halben rosa Grapefruit
- 2 Esslöffel pflanzlicher Joghurt
- 4 Esslöffel Haferflocken (gemahlen) oder Hafermehl

### ZUBEREITUNG

Verrühren Sie das Hafermehl und den Grapefruitsaft gut in einer Schüssel und fügen Sie dann den Joghurt hinzu.

### ANWENDUNG

Tragen Sie eine dicke Schicht auf Ihr Gesicht auf und lassen Sie sie mindestens 20 Minuten lang einwirken. Danach können Sie die Maske abspülen.

**TIPP**

Mit der anderen Grapefruithälfte können Sie das Anti-Cellulite-Peeling herstellen (S. 74).

# Nährstoffreiche BANANENMASKE

Die Banane ist berühmt für ihre pflegende Wirkung für Haut und Haar. Das liegt an ihrem hohen Gehalt an Zucker und Schleimstoffen. Sie ist die perfekte Zutat für nährstoffreiche und hautberuhigende Pflegeprodukte und eignet sich hervorragend für hausgemachte Masken. Der Hafer wiederum ist erste Wahl, wenn es um die Pflege trockener und empfindlicher Haut geht.

## Sie brauchen

- 1 Schüssel
- 1 Esslöffel
- 1 Gabel

**Haltbarkeit:** zum sofortigen Verbrauch

## Zutaten

- ½ Banane
- 2 Esslöffel Haferflocken (gemahlen)

## ZUBEREITUNG

Zerdrücken Sie die Banane so lange mit der Gabel, bis ein fast flüssiger Brei entsteht. Fügen Sie dann die gemahlenen Haferflocken hinzu und verarbeiten Sie alles zu einer homogenen Paste.

## ANWENDUNG

Tragen Sie die Mischung auf die saubere Haut auf. Nach einer Viertelstunde Einwirkzeit spülen Sie die Maske mit reichlich Wasser unter kreisenden Fingerbewegungen ab. Trocknen Sie das Gesicht mit einem frischen Handtuch.

# BERUHIGENDE MASKE
## mit grünem Tee

Agar-Agar stammt aus Algen und wird in der Küche als pflanzliche Alternative zu Gelatine eingesetzt. Agar-Agar ist reich an Eisen, Magnesium und Kupfer und wirkt dadurch entzündungshemmend. Grüner Tee ist eine reichhaltige Quelle für Antioxidantien, insbesondere Katechine, die ebenfalls entzündungshemmend wirken und Rötungen der Haut mindern.

### Sie brauchen

- 1 Stieltopf
- 1 Esslöffel
- 1 Schneebesen

**Haltbarkeit:** zum sofortigen Verbrauch

### Zutaten

- ½ Teelöffel Matchapulver
- 2 Teelöffel Agar-Agar-Pulver
- 1 Esslöffel flüssiger Honig
- Saft einer viertel Zitrone
- 250 ml Wasser

### ZUBEREITUNG

Lösen Sie das Agar-Agar-Pulver in einem Stieltopf mit Wasser auf. Lassen Sie das Ganze zwei Minuten lang kochen. Nehmen Sie dann den Topf vom Herd und rühren Sie die restlichen Zutaten mit dem Schneebesen unter. Lassen Sie die Masse abkühlen, bis eine Paste entstanden ist.

### ANWENDUNG

Tragen Sie eine dünne Schicht der Paste auf Ihre saubere Haut auf und lassen Sie sie mindestens zehn Minuten lang trocknen. Dann können Sie die Maske abwaschen.

**TIPP**

Sie können das Matchapulver auch ersetzen, indem Sie statt des Wassers grünen Tee verwenden (2 Teebeutel auf 250 ml). Allerdings ist die Maske dann nicht so wirkungsvoll.

# Ultranährstoffreiche GESICHTSMASKE

Die Kombination von Avocado und Banane sorgt für eine supersanfte und ultranährstoffreiche Hautpflege. Die Maske ist perfekt dafür geeignet, die Haut während der kalten Wintertage intensiv zu verwöhnen.

## Sie brauchen

- 1 Stieltopf
- 1 Gabel
- 1 Teelöffel

**Haltbarkeit:** zum sofortigen Verbrauch

## Zutaten

- ¼ Avocado
- ¼ Banane
- 1 Teelöffel flüssiger Honig
- 1 Teelöffel pflanzlicher Joghurt

## ZUBEREITUNG

Zerdrücken Sie die Avocado und die Banane mit der Gabel, fügen Sie die restlichen Zutaten hinzu und verarbeiten Sie alles, bis eine homogene Masse entsteht.

## ANWENDUNG

Tragen Sie eine dicke Schicht auf Ihr Gesicht auf und lassen Sie sie mindestens 20 Minuten lang einwirken. Danach können Sie die Maske abspülen.

# SPIRULINA-
# *Maske*

Spirulina ist eine »Mikro-« bzw. »Süßwasseralge« und wird im Handel in Form von Flocken, Pulver und Tabletten angeboten. In einer Gesichtsmaske schützt sie die Haut vor freien Radikalen und sorgt für einen ebenmäßigen Teint.

VERSION 1

## Sie brauchen

- 1 Schüssel
- 1 Esslöffel

**Haltbarkeit:** zum sofortigen Verbrauch

## Zutaten

- 1 Teelöffel Spirulinapulver
- 1 Esslöffel flüssiger Honig

### ZUBEREITUNG

Vermengen Sie die beiden Zutaten zu einer Paste.

VERSION 2

## Sie brauchen

- 1 Schüssel
- 1 Esslöffel
- 1 Teelöffel

**Haltbarkeit:** zum sofortigen Verbrauch

## Zutaten

- 1 Esslöffel Spirulinapulver
- 1 Esslöffel weiße Tonerde
- 1 Teelöffel Olivenöl
- 2 Esslöffel Wasser

### ZUBEREITUNG

Vermischen Sie das Spirulinapulver und die Tonerde in einer Schüssel und fügen Sie dann die flüssigen Zutaten hinzu. Verarbeiten Sie alles zu einer homogenen Paste.

### ANWENDUNG

Tragen Sie die Mischung auf die saubere Haut auf. Nach einer Viertelstunde Einwirkzeit spülen Sie die Maske mit reichlich Wasser unter kreisenden Fingerbewegungen ab. Trocknen Sie das Gesicht mit einem frischen Handtuch.

# BERUHIGENDE MASKE
## mit Hafermilch

Weil Hafer so reich an Phenolen, Saponinen und Beta-Glucan ist, wirkt er entzündungshemmend, tiefenreinigend und hydrierend. Zusammen mit Honig, der ebenfalls Feuchtigkeit spendet und antibakterielle Eigenschaften besitzt, sorgt diese supereinfach zubereitete Maske für zauberhaft zarte Haut. Sie können die Hafermilch sogar selbst herstellen, indem Sie in einem Mixer 100 Gramm Haferflocken mit einem Liter Wasser vermengen und die Mischung dann filtern.

### Sie brauchen

- 1 Schüssel
- 1 Esslöffel
- 1 Teelöffel

**Haltbarkeit:** zum sofortigen Verbrauch

### Zutaten

- 3 Esslöffel Hafermilch
- 1 Teelöffel flüssiger Honig
- 2 Tropfen ätherisches Öl (Römische Kamille), optional

### ZUBEREITUNG

Verrühren Sie die Zutaten gründlich in einer Schüssel.

### ANWENDUNG

Tränken Sie Wattebäusche, Pads oder ein Handtuch mit der Mischung und bedecken Sie Ihr Gesicht vollständig damit. Nach 20 Minuten Einwirkzeit wieder abnehmen und anschließend das Gesicht mit Wasser abspülen.

# HIMBEER-MASKE
## für einen strahlenden Teint

Himbeeren sind reich an Vitaminen und Antioxidantien. Die ebenfalls in Himbeeren enthaltene Salicylsäure ist bekannt dafür, dass sie die Zellerneuerung anregt, die Haut glättet und sie wieder zum Strahlen bringt.

### Sie brauchen

- 1 Schüssel
- 1 Gabel
- 1 Esslöffel
- 1 Teelöffel

**Haltbarkeit:**
zum sofortigen Verbrauch

### Zutaten

- 8 Himbeeren
- 1 Esslöffel weiße Tonerde
- 1 Esslöffel flüssiger Honig
- 1 Esslöffel pflanzlicher Joghurt

## ZUBEREITUNG

Pürieren Sie die Himbeeren mit der Gabel, fügen Sie dann die restlichen Zutaten hinzu und verarbeiten Sie anschließend alles zu einer homogenen Paste.

## ANWENDUNG

Tragen Sie die Mischung auf die saubere Haut auf. Nach einer Viertelstunde Einwirkzeit spülen Sie die Maske mit reichlich Wasser unter kreisenden Fingerbewegungen ab. Trocknen Sie das Gesicht mit einem frischen Handtuch ab.

# ERDBEER-MASKE
## *gegen Akne*

Eier sind ein effektives Mittel gegen Hautunreinheiten, Akne und Rötungen und wirken darüber hinaus auch noch porenverfeinernd. Die Vitamin C-reichen Erdbeeren sind ebenfalls ideal für die Lösung von Hautproblemen. Fügt man noch etwas von dem antibakteriell wirkenden Honig hinzu, ist die Maske gegen Akne perfekt!

 *Sie brauchen*

- 1 Schüssel
- 1 Gabel
- 1 Esslöffel

**Haltbarkeit:**
zum sofortigen Verbrauch

 *Zutaten*

- 6 Erdbeeren (gewaschen, nur das Fruchtfleisch)
- 1 Ei
- 1 Esslöffel flüssiger Honig

### ZUBEREITUNG

Pürieren Sie die Erdbeeren mit der Gabel, fügen Sie dann die restlichen Zutaten hinzu und verarbeiten Sie anschließend alles zu einer homogenen Paste.

### ANWENDUNG

Tragen Sie die Mischung auf die saubere Haut auf. Nach einer Viertelstunde Einwirkzeit spülen Sie die Maske mit reichlich Wasser unter kreisenden Fingerbewegungen ab. Trocknen Sie das Gesicht mit einem frischen Handtuch.

# NATÜRLICHES PEELING
## *mit Papaya*

Dieses Peeling wirkt intensiv exfolierend. Es beschleunigt die Zellerneuerung und entfernt abgestorbene Zellen von der Hautoberfläche. Die Papaya ist außergewöhnlich reich an natürlichen Enzymen und sorgt so für eine Erneuerung der Haut und einen strahlenden Teint. Testen Sie das Peeling erst einmal auf dem Unterarm, bevor Sie Ihr Gesicht damit behandeln – so können Sie feststellen, ob Ihre Haut empfindlich oder gereizt reagiert.

### Sie brauchen

- 1 Schüssel
- 1 Messer
- 1 Gabel
- 1 Esslöffel

**Haltbarkeit:** zum sofortigen Verbrauch

### Zutaten

- 1 Stück Papaya (ungefähr 50 g)
- 1 Esslöffel flüssiger Honig
- Saft einer halben Zitrone

### ZUBEREITUNG

Schneiden Sie die Papaya in kleine Stücke und pürieren Sie diese mit der Gabel. Fügen Sie anschließend die restlichen Zutaten hinzu und verarbeiten Sie alles zu einer homogenen Masse.

### ANWENDUNG

Tragen Sie die Mischung auf die saubere Haut auf. Nach einer Viertelstunde Einwirkzeit spülen Sie die Maske mit reichlich Wasser unter kreisenden Fingerbewegungen ab. Trocknen Sie das Gesicht mit einem frischen Handtuch.

# SANFTES PEELING
## mit Kokosnuss

Dieses Peeling reinigt die Haut porentief – und das ohne schädigende Tenside. Die Kombination von Kokosöl und Honig ist supersanft zu zarter und empfindlicher Haut, sodass Sie das Kokosnusspeeling problemlos einmal pro Woche anwenden können.

 Sie brauchen

- 1 Schüssel
- 1 Esslöffel

**Haltbarkeit:**
zum sofortigen Verbrauch

Zutaten

- 1 Esslöffel Kokosöl (am besten geschmolzen)
- 1 Esslöffel Kokosraspeln
- 1 Esslöffel fester Honig

## ZUBEREITUNG

Verarbeiten Sie alles zu einer homogenen Paste.

## ANWENDUNG

Mit kreisenden Bewegungen auf die saubere Haut auftragen. Seien Sie dabei sehr sanft, besonders in der T-Zone. Nach fünf Minuten können Sie das Peeling mit reichlich Wasser und kreisenden Fingerbewegungen entfernen und sich anschließend mit einem sauberen Handtuch abtrocknen.

# SANFTES PEELING FÜR REIFE HAUT
## mit Rose und Avocado

Avocado und Zucker sind eine gelungene Kombination: Dieses sanfte, pflegende Peeling entfernt abgestorbene Hautzellen und regt die Zellerneuerung an.

 Sie brauchen

- 1 Schüssel
- 1 Gabel
- 1 Teelöffel

**Haltbarkeit:**
zum sofortigen Verbrauch

 Zutaten

- ½ reife Avocado
- 1 Teelöffel Rosenwasser
- 1 Teelöffel teilraffinierter Rohrzucker

### ZUBEREITUNG

Pürieren Sie die Avocado mit der Gabel, fügen Sie die restlichen Zutaten hinzu und verarbeiten Sie alles zu einer homogenen Paste.

### ANWENDUNG

Mit kreisenden Bewegungen auf die saubere Haut auftragen. Seien Sie dabei sehr sanft, besonders in der T-Zone. Nach fünf Minuten können Sie das Peeling mit reichlich Wasser und kreisenden Fingerbewegungen entfernen und sich anschließend mit einem sauberen Handtuch abtrocknen.

# HILFE BEI
# Pickeln und Akne

## GEGEN PICKEL

###  Sie brauchen

- 1 Schüssel
- 1 Teelöffel
- 1 Esslöffel
- 1 Glasgefäß (30 ml)

**Haltbarkeit:** 3 Monate

###  Zutaten

- 4 Teelöffel grüne Tonerde
- 1 Esslöffel Olivenöl (oder Honig)
- ½ Teelöffel Zinkoxid, optional
- 10 Tropfen ätherisches Teebaumöl, optional

### ZUBEREITUNG

Vermischen Sie alle Zutaten zu einer homogenen, klümpchenfreien Masse und geben Sie diese in das Glasgefäß.

### ANWENDUNG

Geben Sie eine haselnussgroße Menge auf den Pickel und lassen sie die Mischung, wenn möglich über Nacht, einwirken. Am Morgen können Sie sie dann mit reichlich Wasser abspülen.

## VORBEUGENDE ANTI-AKNE-PFLEGE

###  Sie brauchen

- 1 Roll-on-Deoroller aus Glas (10 ml) wenn möglich mit einer Metallkugel

**Haltbarkeit:** 9 Monate

###  Zutaten

- 1 Teelöffel Jojobaöl
- 10 Tropfen ätherisches Teebaumöl

### ZUBEREITUNG

Geben Sie die Zutaten direkt in den Deoroller und schütteln Sie diesen, bis sich die Bestandteile gut vermischt haben.

### ANWENDUNG

Gehen Sie mit dem Roller direkt über Hautunreinheiten.

# Schnelle ALOE-VERA-CREME

Aloe-Vera-Gel ist ein Muss, wenn es um natürliche Schönheitspflege geht. Es ist reich an Vitaminen, Enzymen und Aminosäuren. Es spendet Feuchtigkeit und hat sowohl heilende als auch verjüngende Wirkung: Es strafft und liftet die Haut. In Kombination mit dem ausgleichenden Jojobaöl erhält man aus nur zwei Zutaten eine Gesichtscreme, die den Vergleich mit kommerziellen Pflegeprodukten nicht scheuen muss!

### Sie brauchen

- 1 Schüssel
- 1 Esslöffel
- 1 Teelöffel
- 1 Schneebesen

**Haltbarkeit:** 1 Woche

### Zutaten

- 2 Esslöffel Aloe-Vera-Gel
- 1 Teelöffel Jojobaöl (oder ein anderes Pflanzenöl, s. u.)

## ZUBEREITUNG

Vermengen Sie die beiden Zutaten mehrere Minuten lang in einer Schüssel, bis die Mischung eine cremige Konsistenz hat.

## ANWENDUNG

Tragen Sie eine haselnussgroße Menge auf Ihre Haut auf und spenden Sie ihr so Feuchtigkeit.

### TIPP

Stellen Sie Ihre ganz persönliche Creme her, indem Sie Bio-Pflanzenöle Ihrer Wahl verwenden. Hier finden Sie ein paar Vorschläge.

- **Mischhaut / fettige Haut:** Jojoba-, Hanf oder Haselnussöl
- **Trockene Haut:** Mandel-, Avocado- oder Weizenkeimöl
- **Empfindliche Haut:** Jojoba-, Himbeer- oder Nachtkerzenöl
- **Reife Haut:** Argan-, Borretsch- oder Heckenrosenöl

# PFLEGE GEGEN AUGENRINGE
## mit Kaffee

Werfen Sie Kaffeesatz nicht einfach weg – er hat überraschende hautpflegende Eigenschaften, vor allem, wenn es um die Behandlung von Augenringen geht. Er kann diese abmildern und dank seiner straffenden und abschwellenden Wirkung auch die Tränensäcke minimieren. Da werden Ihre Augen nur so strahlen!

### Sie brauchen

- 1 Schüssel
- 1 Esslöffel

**Haltbarkeit:** zum sofortigen Verbrauch

### Zutaten

- 2 Esslöffel Kaffeesatz (oder gemahlenen Kaffee)
- 2 Esslöffel flüssiger Honig

## ZUBEREITUNG

Vermengen Sie die beiden Zutaten zu einer homogenen Paste.

## ANWENDUNG

Tragen Sie eine dicke Schicht der Mischung unter den Augen auf und lassen Sie das Ganze 20 Minuten einwirken. Verwenden Sie reichlich Wasser zum Abspülen.

# MAKE-UP-ENTFERNER

## MAKE-UP-ENTFERNER AUF ÖLBASIS

 Sie brauchen

- 1 Teelöffel

**Haltbarkeit:** zum sofortigen Verbrauch

 Zutaten

- ½ Teelöffel Olivenöl (oder Kokosöl)

### ANWENDUNG

Tragen Sie das Öl auf die trockene Haut auf und massieren Sie Ihr Gesicht ausgiebig, um Unreinheiten und Make-up-Reste zu entfernen. Entfernen Sie überschüssiges Öl mit einem Reinigungstuch, einem mit Wasser getränkten Pad oder einer Lotion.

## ZWEI PHASEN-MAKE-UP-ENTFERNER

 Sie brauchen

- 1 Esslöffel
- 1 Glasfläschchen (50 ml)

**Haltbarkeit:** 1 Monat

 Zutaten

- 1 Esslöffel Olivenöl
- 2 Esslöffel Rosen- oder Orangenblütenwasser

### ZUBEREITUNG

Füllen Sie die beiden Zutaten direkt in das Glasfläschchen, verschließen Sie es und schütteln Sie es dann kräftig.

### ANWENDUNG

Schütteln Sie den Behälter vor jeder Anwendung, damit die beiden Zutaten sich gut vermischen. Tröpfeln Sie die Mischung sparsam auf einen Wattebausch oder ein Reinigungstuch und entfernen Sie Ihr Make-up. Verwenden Sie ein Reinigungstuch, ein mit Wasser getränktes Pad oder eine Lotion, um das Make-up vollständig zu entfernen.

# GESICHTSREINIGUNG
## mit Mandel

Diese extrem sanfte Gesichtsreinigung ist auch für die empfindlichste Haut geeignet.

 Sie brauchen

- 1 Schüssel
- 1 Teelöffel

**Haltbarkeit:** zum sofortigen Verbrauch

 Zutaten

- 1 Teelöffel weiße Tonerde
- 1 Teelöffel Mandelmehl
- 1 Teelöffel flüssiger Honig

### ZUBEREITUNG

Vermengen Sie alle Zutaten zu einer homogenen Paste.

### ANWENDUNG

Tragen Sie die Mischung auf das feuchte Gesicht auf und massieren Sie sie mit kreisenden Bewegungen ein. Spülen Sie die Paste anschließend mit reichlich Wasser ab.

### TIPP: SPEZIALPEELING GEGEN VERSTOPFTE POREN

Vermengen Sie den Saft einer Zitrone und ein Päckchen phosphatfreies Backpulver (ca. 10 g) in einer Schüssel zu einer homogenen Masse. Fügen Sie, wenn nötig, ein paar Tropfen Wasser hinzu.
Tragen Sie die Mischung auf die saubere Haut auf und massieren Sie das Peeling sanft mit kreisenden Bewegungen ein, wobei Sie die T-Zone nicht intensiver behandeln. Lassen Sie das Peeling fünf Minuten lang einwirken und spülen Sie es dann mit reichlich Wasser ab. Lösen Sie das Produkt mit kreisenden Fingerbewegungen vollständig von Ihrem Gesicht und trocknen Sie die Haut anschließend mit einem sauberen Handtuch ab.

# GURKENLOTION
## für empfindliche Haut

Die feuchtigkeitsspendende Wirkung der Salatgurke ist schon seit der Antike bekannt. Sie verleiht auch der fahlsten und mattesten Haut wieder strahlende Frische. Außerdem wirkt die Gurke beruhigend auf empfindliche Haut und lässt Rötungen und Reizungen verschwinden.

### Sie brauchen

- 1 Stieltopf mit Deckel
- 1 Spitzhaarsieb oder einen Kaffeefilter
- 1 Esslöffel
- 1 Glasgefäß (250 ml)

**Haltbarkeit:** 1 Woche im Kühlschrank

### Zutaten

- 1 Tasse Wasser
- ½ Salatgurke
- 1 Esslöffel Aloe-Vera-Gel

### ZUBEREITUNG

Lassen Sie das Wasser im Topf aufkochen, nehmen Sie ihn dann vom Herd und fügen Sie die in Scheiben geschnittene ungeschälte Salatgurke hinzu. Lassen Sie die Mischung zwei Stunden lang ziehen. Anschließend können Sie das Gemisch filtern, das Filtrat mit dem Aloe-Vera-Gel vermischen und in das Glasgefäß füllen.

### ANWENDUNG

Tragen Sie die Lotion mithilfe eines Wattebausches oder eines waschbaren Reinigungstuchs auf das saubere Gesicht auf.

# WASSERMELONEN-LOTION
## *für fettige Haut*

Die Wassermelone bietet jede Menge Feuchtigkeit, Vitamin A, B6 und C. Sie reguliert die Talgproduktion und beugt der Hautalterung vor. Zitronensaft ist bekannt dafür, dass er die Hautdurchblutung fördert. In dieser 100 Prozent natürlichen Lotion dient er außerdem als natürliches Konservierungsmittel. Wenden Sie diese Lotion am besten abends an, da sie bei sensibler Haut die Lichtempfindlichkeit erhöhen kann.

### Sie brauchen

- 1 Mixer
- 1 Spitzhaarsieb oder Kaffeefilter
- 1 Glasgefäß mit Deckel (120 ml)

**Haltbarkeit:**
1 Woche im Kühlschrank

### Zutaten

- 100 g Fruchtfleisch einer Wassermelone
- Saft einer Zitrone

### ZUBEREITUNG

Pürieren Sie die Melone und filtern Sie das Püree, sodass lediglich der Saft übrigbleibt, und mischen Sie diesen in dem Glasgefäß mit dem Zitronensaft.

### ANWENDUNG

Tragen Sie die Lotion mithilfe eines Wattebausches oder eines waschbaren Reinigungstuchs auf das saubere Gesicht auf.

# ADSTRINGIERENDE LOTION
## mit Apfelessig

Apfelessig ist für die Haut das reinste Wundermittel. Er riecht zwar nicht besonders lecker, dafür wirkt er beruhigend auf die Haut, verkleinert die Poren und verleiht ein gesundes Aussehen. Keine Sorge – der Essiggeruch ist schnell wieder verflogen!

### Sie brauchen

- 1 Messbecher
- 1 Esslöffel
- 1 Glasfläschchen (100 ml)

**Haltbarkeit:** 1 Woche

### Zutaten

- 3 Esslöffel Apfelessig
- 1 Esslöffel pflanzliches Glycerin, optional
- 60 ml Wasser

## ZUBEREITUNG

Füllen Sie alle Zutaten in das Glasfläschchen, schließen Sie dieses und schütteln Sie es danach kräftig.

## ANWENDUNG

Tragen Sie die Lotion mithilfe eines Wattebauschs oder eines waschbaren Reinigungstuchs auf das saubere Gesicht auf.

# ANTI-AKNE-LOTION
## mit Honig und Rosmarin

Rosmarin eignet sich perfekt für junge Mischhaut oder fettige Haut, die zu Akne neigt. In Kombination mit dem antibakteriell wirkenden Honig wirkt er ausgleichend, reinigt die Poren intensiv und macht die Haut zart.

### Sie brauchen

- 1 Stieltopf mit Deckel
- 1 Spitzhaarsieb
- 1 Messbecher
- 1 Esslöffel
- 1 Teelöffel
- 1 Glasfläschchen (100 ml)

**Haltbarkeit:** eine Woche im Kühlschrank

### Zutaten

- 3 frische Rosmarinzweige (oder 1 Esslöffel getrockneter Rosmarin)
- 1 Teelöffel flüssiger Honig
- 100 ml Wasser

### ZUBEREITUNG

Kochen Sie das Wasser auf. Nehmen Sie dann den Topf vom Herd und lassen Sie den Rosmarin im bedeckten Topf eine halbe Stunde lang ziehen. Gießen Sie den Inhalt des Topfs anschließend durch den Filter in das Glasfläschchen, fügen Sie den Honig hinzu und schütteln Sie das Ganze kräftig, nachdem Sie das Fläschchen fest verschlossen haben.

### ANWENDUNG

Tragen Sie die Lotion mithilfe eines Wattebausches oder eines waschbaren Reinigungstuchs auf das saubere Gesicht auf.

# LOTION FÜR EMPFINDLICHE AUGEN *mit grünem Tee*

Tee ist hervorragend für empfindliche Augen geeignet. Er bringt umgehend Erleichterung und mildert auch Tränensäcke und Augenringe. Das liegt daran, dass er von Natur aus Tannine und Koffein enthält. Während die Tannine eine beruhigende Wirkung haben, wirkt das Koffein belebend und regt die Blutzirkulation in den Kapillaren rund um die Augen an. Der perfekte Mix, um müde Augen zum Strahlen zu bringen!

### Sie brauchen

- 1 Stieltopf mit Deckel
- 1 Messbecher
- 1 Glasfläschchen (100 ml)

**Haltbarkeit:** eine Woche im Kühlschrank

### Zutaten

- 3 Beutel grüner Tee
- 100 ml Wasser

## ZUBEREITUNG

Kochen Sie das Wasser auf, nehmen Sie dann den Topf vom Herd, geben Sie die Teebeutel hinein und lassen Sie das Ganze ungefähr eine halbe Stunde lang ziehen. Entnehmen Sie anschließend die Teebeutel und schütten Sie den Inhalt des Topfs in das Glasfläschchen.

## ANWENDUNG

Tränken Sie einen Wattebausch oder ein waschbares Reinigungstuch mit der Teezubereitung und legen Sie diese einige Minuten lang auf Ihre Augen.

# AUGENBRAUEN- UND WIMPERNPFLEGE
## mit Aloe Vera

Rizinusöl sollten Sie auf jeden Fall immer im Haus haben! Es kräftigt, repariert und aktiviert das Haarwachstum. Außerdem ist es auch noch außerordentlich nährstoffreich. Sie können es direkt mit einer Wimpernbürste auf die Wimpern auftragen – aber wenn Sie es mit Aloe Vera vermischen, erhalten Sie ein ganz hervorragendes Wimpernserum, das Sie jeden Abend auf die sauberen und trockenen Wimpern auftragen können. Innerhalb von nur drei Wochen werden Sie deutlich positive Resultate erkennen.

### Sie brauchen

- 1 Schüssel
- 1 Esslöffel
- 1 Teelöffel
- 1 Schneebesen (klein)
- 1 Maskarafläschchen oder einen anderen Behälter (15 ml) und eine Wimpernbürste zum leichteren Auftragen

**Haltbarkeit:** 1 Monat

### Zutaten

- 1 Teelöffel Aloe-Vera-Gel
- 1 Esslöffel Rizinusöl

### ZUBEREITUNG

Verrühren Sie die beiden Zutaten in einer Schüssel gründlich mit einem Schneebesen und geben Sie die Mischung dann in das Behältnis zur Aufbewahrung.

### ANWENDUNG

Tragen Sie die Mischung jeden Abend auf Ihre sauberen und trockenen Wimpern und Augenbrauen auf.

# SÜSSES PEELING
## *für die Lippen*

 *Sie brauchen*

- 1 Schüssel
- 1 Esslöffel
- 1 Teelöffel
- 1 Schneebesen (klein)
- 1 Behälter (30 ml)

**Haltbarkeit:** 1 Monat im Kühlschrank

### HONIG-PEELING

 *Zutaten*

- 1 Esslöffel flüssiger Honig
- 1 Teelöffel Rohrzucker
- 1 Teelöffel Olivenöl

### KONFITÜREN-PEELING

 *Zutaten*

- 1 Esslöffel Konfitüre
- 1 Esslöffel Rohrzucker

## ZUBEREITUNG

Verarbeiten Sie die Zutaten in einer Schüssel vorsichtig zu einer homogenen Paste und füllen Sie diese in den Behälter.

## ANWENDUNG

Tragen Sie das Peeling mit den Fingerspitzen in kleinen kreisenden Bewegungen auf. Lassen Sie es fünf Minuten lang einwirken und nehmen Sie Überschüsse mit einem Wattebausch oder einem waschbaren Reinigungstuch ab.

# LIPPENPFLEGE

 Sie brauchen

- 1 hitzebeständige Schüssel
- 1 Stieltopf
- 1 Esslöffel
- 1 Schneebesen (klein)
- 1 kleines Glasgefäß (15 ml)

**Haltbarkeit:** 9 Monate

## HONIG-BALSAM

 Zutaten

- 1 Teelöffel flüssiger Honig
- 1 Esslöffel Sheabutter
- 1 Teelöffel Oliven- oder Rizinusöl

### ZUBEREITUNG

Geben Sie die Sheabutter zusammen mit dem Öl in die Schüssel und erhitzen Sie beides im Wasserbad. Sobald die Sheabutter geschmolzen ist, rühren Sie den Honig gründlich mit dem Schneebesen unter. Geben Sie die Mischung anschließend in das Glasgefäß. Einen halben Tag lang auskühlen lassen.

## KOKOS-BALSAM

 Zutaten

- 1 Esslöffel Kokosöl
- ½ Teelöffel Bienenwachs

### ZUBEREITUNG

Geben Sie das Bienenwachs zusammen mit dem Öl in die Schüssel und erhitzen Sie beides im Wasserbad Wenn das Wachs geschmolzen ist, verrühren Sie die Zutaten gründlich mit dem Schneebesen. Geben Sie die Mischung anschließend in das Glasgefäß. Einen halben Tag lang auskühlen lassen.

## ANWENDUNG

Tragen Sie eine haselnussgroße Menge Balsam mit den Fingerspitzen auf die Lippen auf.

# ZAHNPFLEGE

## Sie brauchen

- 1 Schüssel
- 1 Esslöffel
- 1 Teelöffel
- 1 Gefäß mit Deckel (50 ml)

**Haltbarkeit: 6 Monate**

## ZAHNPUTZPULVER

### Zutaten

- 3 Esslöffel grüne Tonerde
- 1 Teelöffel Schlämmkreide (Kalziumkarbonat) oder sehr fein gemahlenes Natron
- 5 Tropfen ätherisches Öl (Grüne Minze oder Pfefferminze), optional

### ZUBEREITUNG

Vermischen Sie alle Zutaten in einer Schüssel und geben Sie die Mischung in das Aufbewahrungsgefäß.

### ANWENDUNG

Befeuchten Sie Ihre Zahnbürste und drücken Sie die Borsten direkt in das Pulver. Putzen Sie sich dann wie gewohnt die Zähne.

## ZITRONEN-ZAHNPASTA

### Zutaten

- 3 Esslöffel Schlämmkreide (Kalziumkarbonat) oder sehr fein gemahlenes Natron
- 3 Esslöffel pflanzliches Glycerin
- 10 Tropfen ätherisches Zitronenöl, optional

### ZUBEREITUNG

Vermischen Sie alle Zutaten in einer Schüssel und geben Sie die Mischung in das Aufbewahrungsgefäß.

### ANWENDUNG

Entnehmen Sie ein wenig von der Zahnpaste mit Ihrer Zahnbürste und putzen Sie sich dann wie gewohnt die Zähne.

# Die Körperpflege

# Sanftes
# PEELING

Recyceln Sie Ihren Kaffeesatz: Er ist ein tolles Peeling! Dieses Körperpeeling hat gleich mehrere Effekte und ist megaleicht herzustellen! Während der Kaffeesatz seine exfolierende Wirkung entfaltet, versorgt das Kokosöl die Haut mit Nährstoffen und Feuchtigkeit – und dazu kommt noch der verführerische Duft, wenn Sie natives Kokosöl verwenden!

### Sie brauchen

- 1 Schüssel
- 1 Esslöffel
- 1 Schneebesen (klein)

**Haltbarkeit:** zum sofortigen Verbrauch

### Zutaten

- 3 Teelöffel Kaffeesatz (oder gemahlenen Kaffee)
- 3 Esslöffel Kokosöl (am besten in flüssiger Form)

## ZUBEREITUNG

Vermischen Sie die beiden Zutaten in einer Schüssel zu einer homogenen Paste.

## ANWENDUNG

Massieren Sie das Peeling vor dem Duschen mit kreisförmigen Bewegungen ein und spülen Sie es dann mit reichlich Wasser ab.

# ANTI-CELLULITE-PEELING
## *mit rosa Grapefruit*

Mit diesem sanften Peeling aus Grapefruit und Kaffee lassen sich abgestorbene Hautzellen entfernen – die Haut wird glatt und zart. Grapefruit wirkt straffend, belebend und lässt Fettpölsterchen schmelzen. Die Kombination von Kaffee und Grapefruit fördert die Drainage, aktiviert den Lymphfluss und wirkt so gegen Cellulite.

### Sie brauchen

- 1 Schüssel
- 1 Esslöffel

**Haltbarkeit:** zum sofortigen Verbrauch

### Zutaten

- Saft einer halben rosa Grapefruit
- 3 Esslöffel Kaffeesatz (oder gemahlenen Kaffee)
- 3 Esslöffel Olivenöl

## ZUBEREITUNG

Vermischen Sie die Zutaten in einer Schüssel.

## ANWENDUNG

Tragen Sie das Peeling von unten nach oben mit kreisenden Bewegungen auf den Körper auf. Beginnen Sie an den Füßen.

**TIPP**

Sie können die andere Grapefruithälfte für die Maske für einen ebenmäßigen Teint verwenden (S. 26)

# SANFTES FUSSPEELING
## mit Zitrone

Natron ist die perfekte Lösung für trockene, geschundene, raue oder sogar rissige Füße. Außerdem bekämpft es Fußgeruch und fördert die Heilung von Infektionen und Pilzerkrankungen.

 Sie brauchen

- 1 Schüssel
- 1 Esslöffel

**Haltbarkeit:** zum sofortigen Verbrauch

 Zutaten

- 3 Esslöffel Natron
- Saft einer Zitrone

### ZUBEREITUNG

Vermischen Sie die beiden Zutaten in einer Schüssel zu einer homogenen Paste. Keine Sorge, wenn die Mischung leicht zu schäumen beginnt – das liegt an dem unterschiedlichen PH-Wert der Zutaten und ist ganz normal.

### TIPP

Sie können das Pflegeprogramm abrunden, indem Sie nach dem Peeling eine haselnussgroße Menge Sheabutter verwenden und so die Haut mit Nährstoffen versorgen.

### ANWENDUNG

Gönnen Sie Ihren Füßen vor der Anwendung zunächst fünf Minuten lang ein Fußbad mit warmem Wasser. So wird die Haut leicht aufgeweicht, was die Wirkung des Peelings unterstützt. Tragen Sie dann die Paste mit massierenden Bewegungen auf, vor allem auf die rissigen Stellen an den Fersen. Spülen Sie das Peeling anschließend mit reichlich Wasser ab.

# ENTSPANNENDES BADESALZ
## mit Orange

Meersalz aus Guérande in der Bretagne oder vom Toten Meer, Himalajasalz oder Bittersalz (mein Lieblingssalz): Salze sind reich an Mineralien und Spurenelementen, wie Kalium, Eisen, Magnesium, Kalzium, Schwefel und viele mehr. Sie wirken entzündungshemmend und entspannend und sind gut für Muskeln und Gelenke.

### Sie brauchen

- 1 Schüssel
- 1 Esslöffel

**Haltbarkeit:** zum sofortigen Verbrauch

### Zutaten

- 2 Esslöffel grobes Salz
- 1 Esslöffel Olivenöl
- 10 Tropfen ätherisches Orangenöl

## ZUBEREITUNG

Vermischen Sie Salz und Olivenöl in einer Schüssel und verfeinern Sie die Mischung dann mit einem ätherischen Öl – ich habe mich für ein Orangenöl entschieden.

## ANWENDUNG

Lassen Sie Wasser in die Badewanne laufen und fügen Sie dabei das Badesalz hinzu. Warten Sie ab, bis es sich aufgelöst hat und genießen Sie dann Ihr Bad.

### TIPP

Sie können anstelle von Orangenöl auch Zitronen-, Lavendel- oder Ylang-Ylang-Öl wählen. Allerdings sollten Sie nie mehr als 10 Tropfen verwenden.

# BERUHIGENDE BADEMILCH
## mit Apfelessig

Nach einem harten Arbeitstag oder Work-out gibt es nichts Schöneres als ein gemütliches Bad! Dieses einfache Rezept auf Apfelessigbasis ist hervorragend zur Muskelentspannung geeignet. Außerdem beruhigt diese Bademilch auch gereizte Haut. Wenn Sie unter Ekzemen oder Schuppenflechte leiden, sollten Sie es auf jeden Fall ausprobieren!

### Sie brauchen

- 1 Glasgefäß mit Deckel (200 ml)
- 1 große Schüssel
- 1 Schneebesen

**Haltbarkeit:** zum sofortigen Verbrauch

### Zutaten

- 1 Glas Apfelessig
- 1 Glas Kokosmilch

### ZUBEREITUNG

Vermischen Sie die beiden Zutaten in der großen Schüssel.

### ANWENDUNG

Geben Sie zunächst die Bademilch in die Wanne und füllen Sie diese erst dann mit Wasser. Jetzt können Sie Ihr Bad genießen.

# NÄHRSTOFFREICHE PFLEGE
## *für schuppige Haut*

Die aufgeschlagene Sheabutter ergibt zusammen mit dem Sesamöl eine unglaublich nährstoffreiche Körpersahne, die sich noch mit 20 Tropfen ätherischem Öl aufwerten lässt – zum Beispiel mit Lavendel, Grapefruit oder sogar Ylang-Ylang, wenn Sie exotische Düfte lieben.

### Sie brauchen

- 1 Schüssel
- 1 Schneebesen oder ein Handrührgerät
- 1 Gefäß mit Deckel (100 ml)

**Haltbarkeit:** 6 Monate

### Zutaten

- 4 Esslöffel Sheabutter
- 1 Esslöffel Sesamöl

## ZUBEREITUNG

Mischen Sie die Zutaten in einer Schüssel mit dem Schneebesen. Die Sheabutter wird sehr schnell schaumig werden. Rühren Sie kräftig weiter, bis die Mischung weiß wird, und füllen Sie sie dann in den Behälter.

## ANWENDUNG

Tragen Sie die Körpersahne direkt auf Ihre Haut auf – sie wird sich dort in ein supernährstoffreiches Öl verwandeln.

# SOS-BALSAM
## für alle Gelegenheiten

Ich habe immer einen kleinen Behälter mit SOS-Balsam in meiner Handtasche und meinem Medizinschränkchen. Es hilft vor allem bei Migräne! Das Balsam auf Olivenöl-Bienenwachs-Basis ist sehr einfach und in kürzester Zeit herzustellen und lässt sich mit jedem beliebigen ätherischen Öl kombinieren. Ich gebe Ihnen hier ein paar Anwendungsbeispiele, aber es hilft wirklich gegen jedes Wehwehchen – die Möglichkeiten sind unbegrenzt!

### Sie brauchen

- 1 Schüssel
- 1 Stieltopf
- 1 Teelöffel
- 1 Esslöffel
- 1 Döschen mit Deckel (50 ml)

**Haltbarkeit:** 12 Monate

### Zutaten

- 4 Esslöffel Olivenöl
- 2 Teelöffel Bienenwachs

**Anwendungsmöglichkeiten:**

- Bei Migräne: Balsam mit 30 Tropfen ätherischem Pfefferminzöl (auf die Schläfen)
- Für kleine äußere Verletzungen, nicht für offene Wunden: Balsam mit 30 Tropfen ätherischem Lavendelöl
- Bei Erkältungsbeschwerden: Balsam mit 30 Tropfen ätherischem Ravintsaraöl (auf den Brustkorb)
- Bei Übelkeit: Balsam mit 30 Tropfen ätherischem Zitronenöl (auf die Handgelenke)

### ZUBEREITUNG

Geben Sie die Zutaten in die Schüssel und erhitzen Sie beides im Wasserbad im Topf, bis das Bienenwachs vollständig geschmolzen ist. Lassen Sie die Mischung abkühlen, bis das Öl durchsichtig wird. Fügen Sie nun das ätherische Öl hinzu und vermischen Sie alles gründlich. Füllen Sie das Balsam in das Döschen und lassen Sie es abkühlen.

### ANWENDUNG

Tragen Sie eine haselnussgroße Menge des Balsams auf die betroffene Stelle auf und massieren Sie es ein (s.o.).

# KOKOSDEO

Kommerzielle Deos sind nicht ohne Grund so umstritten: Sie enthalten häufig Stoffe, die als krebserregend, erbgutschädigend und fortpflanzungsgefährdend eingestuft werden. Außerdem verhindern die schweißhemmenden Wirkstoffe den natürlichen Entgiftungsprozess.
Die Zeit für hausgemachte Deos ist gekommen! Sie sind einfach herzustellen, regulieren die Transpiration und mildern Schweißgeruch. Maisstärke sorgt für ein trockenes Gefühl, während Natron den PH-Wert der Haut leicht verändert, sodass sich Bakterien nicht mehr vermehren können. Das verhindert die Bildung eines unangenehmen Körpergeruchs.

### Sie brauchen

- 1 Schüssel
- 1 Esslöffel
- 1 Teelöffel
- 1 Glasbehälter mit Deckel (30 ml)

**Haltbarkeit:** 6 Monate

### Zutaten

- 1 Esslöffel Kokosöl (am besten flüssig)
- 1 Esslöffel Maisstärke
- 1 Teelöffel Natron
- 10 Tropfen ätherisches Zitronen- oder Palmarosaöl, optional

## ZUBEREITUNG

Vermischen Sie alle Zutaten in einer Schüssel zu einer homogenen Paste und füllen Sie diese in den Glasbehälter. Stellen Sie die Mischung anschließend für eine halbe Stunde in den Kühlschrank.

## ANWENDUNG

Massieren Sie eine haselnussgroße Menge der Paste vollständig in die Haut der Achselhöhlen ein.

# HAND- UND NAGELPFLEGE

 Sie brauchen

- 1 Schüssel
- 1 Esslöffel
- 1 Teelöffel

Haltbarkeit: zum sofortigen Verbrauch

## HANDPEELING MIT OLIVENÖL

 Zutaten

- 1 Esslöffel Olivenöl
- 1 Esslöffel Rohrzucker
- 1 Teelöffel flüssiger Honig
- 1 Teelöffel Zitronensaft

### ZUBEREITUNG

Vermischen Sie alle Zutaten in einer Schüssel.

### ANWENDUNG

Tragen Sie das Peeling auf Ihre trockenen Hände auf und verreiben Sie es sanft. Lassen Sie es anschließend ein paar Minuten einwirken und spülen Sie es dann mit reichlich Wasser ab.

## ZITRONEN-NAGELPFLEGE ZUM ENTFÄRBEN

 Zutaten

- 3 Esslöffel Zitronensaft
- 1 Esslöffel Natron

### ZUBEREITUNG

Vermischen Sie die beiden Zutaten in einer Schüssel zu einer homogenen Paste. Keine Sorge, wenn die Mischung leicht zu schäumen beginnt – das liegt an dem unterschiedlichen PH-Wert der Zutaten und ist ganz normal.

### ANWENDUNG

Tragen Sie die Mischung auf Ihre Finger- oder Fußnägel auf, lassen Sie sie fünf Minuten lang einwirken und spülen Sie sie dann mit reichlich Wasser ab. Runden Sie das Pflegeprogramm ab, indem Sie ein paar Tropfen Olivenöl in die Nägel und die Nagelhaut einmassieren.

# MASSAGEÖL
## mit Vanille

Ich liebe den Duft von echter Vanille und finde, dass er am besten mit Sesamöl harmoniert. Sie können ihn aber auch mit einem anderen Öl kombinieren, zum Beispiel mit Haselnussöl, das unbehandelt und in Bioqualität einen köstlichen Duft verströmt. Wenn Sie lieber ein neutrales Öl verwenden, sind Sonnenblumen- oder Rapsöl empfehlenswert.

### Sie brauchen

- 1 Messer
- 1 Esslöffel
- 1 Glasfläschchen (50 ml)

**Haltbarkeit:** 9 Monate

### Zutaten

- 1 Vanilleschote
- 4 Esslöffel Sesamöl (oder ein anderes neutrales Öl)

## ZUBEREITUNG

Halbieren Sie die Vanilleschote längs und entnehmen Sie das Vanillemark. Schneiden Sie die Reste der Schote in ungefähr zwei Zentimeter lange Stücke und füllen Sie alles in das Glasfläschchen. Fügen Sie nun das Öl hinzu. Verschließen Sie das Fläschchen und schütteln Sie es kräftig. Lassen Sie diese Mischung drei Wochen lang ziehen. Eine Filtration ist nicht nötig, denn die Feststoffe setzen sich am Boden ab und verleihen dem Öl weiterhin Duft.

## ANWENDUNG

Geben Sie einen halben Teelöffel des Öls auf Ihre Handflächen und erwärmen Sie es, indem Sie die Hände aneinander reiben. Nun kann die Massage beginnen.

# Schnelles Rezept für FESTE KÖRPERBUTTER

Diese kleinen Riegel sind kinderleicht herzustellen und vor allem hervorragend zum Mitnehmen geeignet (zum Beispiel im Flugzeug, wo es Beschränkungen für die Mitnahme von Flüssigkeiten gibt). Sie machen wirklich gute Laune und natürlich kann auch hier ätherisches Öl die Laune noch weiter heben. Fügen Sie einfach 10–20 Tropfen Ihres Lieblingsöls dazu – allerdings erst am Ende der Zubereitung, damit die natürlichen Wirkstoffe nicht durch Hitze beeinträchtigt werden. Ich verwende am liebsten 10 Tropfen ätherisches Zitronenöl, was zusammen mit dem Kakao und der Kokosnuss einen köstlichen Duft ergibt!

## Sie brauchen

- 1 Stieltopf
- 1 hitzebeständige Schüssel
- 1 Esslöffel
- 1 Silikonform (100 ml)

**Haltbarkeit:** 12 Monate

## Zutaten

- 1 Esslöffel Kokosöl
- 5 Esslöffel Kakaobutter

## ZUBEREITUNG

Geben Sie die Zutaten in die Schüssel und erhitzen Sie sie im Wasserbad, bis die Kakaobutter geschmolzen ist. Verrühren Sie die beiden Zutaten und füllen Sie die Flüssigkeit dann in die Silikonform. Lassen Sie das Ganze einen halben Tag lang im Kühlschrank abkühlen, und entnehmen Sie Ihre feste Körperbutter der Form.

## ANWENDUNG

Lassen Sie die feste Körperbutter direkt über Ihre Haut gleiten – sie schmilzt dort und verwandelt sich in ein besonders nährstoffreiches Öl.

# Orientalisches WAXING

Das natürliche Waxing für alle Körperzonen ist supereinfach herzustellen! Und dieses kosmetische »Zitronenbonbon« besteht aus nur vier Zutaten, die im Prinzip in jeder Speisekammer zu finden sind.

## Sie brauchen

- 1 Stieltopf
- 1 Esslöffel
- 1 luftdichten Behälter

**Haltbarkeit:** 3 Monate im Kühlschrank

## Zutaten

- 500 g Puderzucker
- 2 Esslöffel flüssiger Honig
- Saft einer halben Zitrone
- 10 Esslöffel Wasser (150 ml)

## ZUBEREITUNG

Mischen Sie Wasser und Zucker bei geringer Hitze in einem Stieltopf. Rühren Sie ständig, bis ein flüssiges Karamell entsteht. Wenn die Mischung klar zu werden beginnt, ist das Waxing fertig. Mischen Sie nun Honig und Zitrone unter und vermischen Sie alle Zutaten gründlich. Füllen Sie das Waxing in einen luftdichten Behälter und lassen Sie es vor der Anwendung etwas abkühlen.

## ANWENDUNG

Formen Sie ein pflaumengroßes Stück des Waxings in der hohlen Hand zu einer Kugel und verteilen Sie diese auf einer Fläche von ungefähr zehn Quadratzentimetern in Haarrichtung. Ziehen Sie das Waxing dann mit einem scharfen Ruck gegen die Haarrichtung ab. Wiederholen Sie diesen Vorgang.

# Die Haarpflege

# DETOX-MASKE
## mit Kokos, Banane und Zitrone

Schöne Haare und eine gesunde Kopfhaut gehen Hand in Hand! Die Kombination aus schützender Kokosmilch, feuchtigkeitsspendender Banane und reinigender Zitrone machen aus dieser Maske den perfekten Detox-Cocktail, der Ihre Kopfhaut sanft entgiftet und ihr nachhaltige Feuchtigkeit spendet.

### Sie brauchen

- 1 Schüssel
- 1 Gabel
- 1 Esslöffel
- 1 Teelöffel

**Haltbarkeit:** zum sofortigen Verbrauch

### Zutaten

- 4 Esslöffel Kokosmilch
- 1 Banane
- Saft einer halben Zitrone

### ZUBEREITUNG

Pürieren Sie die Banane mit der Gabel und fügen Sie dann die Kokosmilch und den Zitronensaft hinzu. Vermischen Sie alles zu einer homogenen Creme.

**TIPP**

Für lange bis sehr lange Haare können Sie die Menge der Zutaten verdoppeln oder verdreifachen.

### ANWENDUNG

Tragen Sie die Maske von den Haarwurzeln zu den Haarspitzen hin auf und lassen Sie sie unter einem Handtuch mindestens 20 Minuten lang einwirken. Spülen Sie die Maske anschließend mit reichlich Wasser ab und waschen Sie Ihre Haare dann wie gewohnt.

# MASKE FÜR SEIDIGES HAAR
## mit Eigelb

Eier enthalten reichlich Schwefel, Biotin, Vitamin B6 und Proteine. Damit stärken sie die Haarfasern und pflegen die Kopfhaut. Zusammen mit der feuchtigkeitsspendenden Banane, dem beruhigenden Honig und dem nährstoffreichen Olivenöl ist diese Maske perfekt dafür geeignet, beanspruchtes Haar wieder zum Glänzen zu bringen.

### Sie brauchen

- 1 Schüssel
- 1 Gabel
- 1 Esslöffel

**Haltbarkeit:** zum sofortigen Verbrauch

### Zutaten

- 1 Eigelb
- 1 Banane
- 2 Esslöffel Honig
- 1 Esslöffel Olivenöl

## ZUBEREITUNG

Pürieren Sie die Banane mit der Gabel. Fügen Sie den Rest der Zutaten hinzu und vermengen Sie alles zu einer homogenen Masse.

## ANWENDUNG

Verteilen Sie die Maske auf der gesamten Kopfhaut und lassen Sie sie für mindestens 20 Minuten einwirken. Spülen Sie sie anschließend mit reichlich Wasser ab und waschen Sie die Haare danach wie gewohnt.

**Achtung:** Verwenden Sie zum Abspülen kaltes Wasser, damit das Ei nicht stockt!

# ANTI-FRIZZ-MASKE
## mit Reiswasser

Reiswasser ist reich an Vitaminen, Mineralien und Stärke. Es poliert die Haarfasern, stärkt die Kopfhaut und glättet das Haar. Das Rezept ist supereinfach. Am besten, Sie heben, wenn Sie Reis zubereiten, das Kochwasser auf – schon haben Sie alles, was Sie brauchen, um Ihren Haaren Pflege zukommen zu lassen.

 Sie brauchen

- 1 Glasgefäß
- 1 Stieltopf
- 1 feines Sieb

**Haltbarkeit:** zum sofortigen Verbrauch

 Zutaten

- 1 Glas Reis
- 4 Gläser Wasser

### ZUBEREITUNG

Spülen Sie den Reis mit reichlich Wasser ab und kneten Sie ihn dabei mit den Fingerspitzen. Füllen Sie die Zutaten anschließend in den Stieltopf und kochen Sie den Reis nach Vorschrift. Fangen Sie beim Abgießen das Kochwasser auf (und verwenden Sie den Reis anderweitig). Lassen Sie das Kochwasser vor der Anwendung abkühlen.

### ANWENDUNG

Verwenden Sie das Reiswasser als Pre-Shampoo: Gießen Sie es über dem Waschbecken oder in der Dusche von oben über Ihre Kopfhaut und an den Seiten entlang über Ihre Haare, sodass diese gut mit dem Wasser getränkt sind. Massieren Sie das Reiswasser in die Kopfhaut ein und lassen Sie es unter einem Handtuch mindestens 20 Minuten lang einwirken.

# Reichhaltiger AVOCADO-CONDITIONER

Die Avocado ist dank ihres hohen Gehalts an essenziellen Fettsäuren und den Vitaminen A, B6, C und E hervorragend für die Haarpflege geeignet. Sie nährt die Haare. Das macht sie weich und leicht kämmbar.

## Sie brauchen

- 1 Schüssel
- 1 Gabel
- 1 Esslöffel
- 1 Teelöffel

**Haltbarkeit:**
zum sofortigen Verbrauch

## Zutaten

- ½ frische Avocado
- Saft einer halben Zitrone
- 1 Esslöffel pflanzlicher Joghurt

**TIPP**

Für lange bis sehr lange Haare sollten Sie die Menge der Zutaten verdoppeln oder verdreifachen.

## ZUBEREITUNG

Pürieren Sie die Avocado mit der Gabel und vermengen Sie das Fruchtfleisch dann mit den restlichen Zutaten zu einer homogenen Creme.

## ANWENDUNG

Tragen Sie die Maske von den Haarwurzeln zu den Haarspitzen hin auf und lassen Sie sie unter einem Handtuch mindestens 20 Minuten lang einwirken. Spülen Sie die Maske anschließend mit reichlich Wasser ab und waschen Sie Ihre Haare dann wie gewohnt.

# GLANZ-MASKE
## für stumpfes Haar

Ihre Haare sehen stumpf aus? Dann müssen Sie unbedingt diese einzigartige Maske ausprobieren! Sie besteht ausschließlich aus natürlichen Zutaten und ist trotzdem extrem wirkungsvoll, wenn es darum geht, stumpfem Haar wieder Glanz zu verleihen.

 Sie brauchen

- 1 Schüssel
- 1 Esslöffel

**Haltbarkeit:**
zum sofortigen Verbrauch

 Zutaten

- 1 Esslöffel Zitronensaft
- 1 Ei
- 1 Esslöffel pflanzlicher Joghurt
- 1 Esslöffel Aloe-Vera-Gel

### ZUBEREITUNG

Vermengen Sie alle Zutaten in einer Schüssel zu einer homogenen Masse.

### ANWENDUNG

Verteilen Sie die Maske auf den gesamten Haaren und lassen Sie sie für mindestens 20 Minuten einwirken. Spülen Sie sie anschließend mit reichlich Wasser ab und waschen Sie die Haare dann wie gewohnt.

**Achtung:** Verwenden Sie zum Abspülen kaltes Wasser, damit das Ei nicht stockt!

# HAARÖL

### Sie brauchen

- 1 Schüssel
- 1 Esslöffel
- 1 Teelöffel

**Haltbarkeit:** zum sofortigen Verbrauch

## NÄHRENDES ÖL

### Zutaten

- 3 Esslöffel Olivenöl
- 1 Esslöffel Rizinusöl

## WACHSTUMSTIMULIERENDES ÖL

### Zutaten

- 3 Esslöffel Olivenöl
- 1 Teelöffel Senf

## ZUBEREITUNG

Verrühren Sie alle Zutaten in einer Schüssel.

## ANWENDUNG

Verteilen Sie die Mischung auf Ihrer Kopfhaut und massieren Sie sie ein paar Sekunden lang ein, um die Mikrozirkulation anzuregen. Bedecken Sie Ihren Kopf dann mit einem Handtuch oder einer Duschhaube aus Frottee, damit die Wärme erhalten bleibt, und lassen Sie die Mischung eine Stunde lang einwirken. Waschen Sie die Haare zweimal.

**Schon gewusst?**

Kommerzielle Haaröle sind vollgestopft mit Silikonen. Diese sorgen zwar für Glanz und machen das Produkt leicht anwendbar – aber gleichzeitig versiegeln sie das Haar, ersticken die Kopfhaut und machen die Haare schwer. Außerdem sind sie auch in Hinblick auf unsere Umwelt bedenklich. Aus diesem Grund hat die Industrie damit begonnen, Silikone durch »Quats« (quartäre Ammoniumverbindungen) zu ersetzen, damit sie »ohne Silikon« auf die Verpackungen schreiben kann … Leider versiegeln Quats die Haare ebenfalls und sind in der Herstellung (Ethoxylierung) extrem umweltschädigend. Ich sehe eine glänzende Zukunft auf die Pflanzenöle zukommen!

# NATÜRLICHES SHAMPOO
## mit Kichererbsenmehl

Kichererbsenmehl steckt voller Saponine, das sind natürliche waschaktive Substanzen, die es uns ermöglichen, die Kopfhaut sanft von Talgrückständen und anderen Verschmutzungen zu reinigen. Wenn Sie kein »extrafeines« Mehl haben, dann sollten Sie es durch ein Haarsieb sieben oder das Shampoo einfach im Mixer zubereiten. Das macht das Auswaschen sehr viel einfacher.

### Sie brauchen

- 1 Schüssel
- 1 Esslöffel
- 1 Teelöffel

**Haltbarkeit:** zum sofortigen Verbrauch

### Zutaten

- 3 Esslöffel Kichererbsenmehl
- 3 Esslöffel Wasser
- 1 Teelöffel Honig

## ZUBEREITUNG

Vermischen Sie die Zutaten in einer Schüssel zu einer homogenen, klumpenfreien Creme.

## ANWENDUNG

Tragen Sie einen Teil der Creme auf die feuchten Haarwurzeln auf und massieren Sie sie einige Minuten ein. Verteilen Sie dann den Rest auf dem gesamten Haar und lassen Sie das Shampoo mindestens fünf Minuten lang einwirken. Für ein optimales Ergebnis können Sie es bis zu 20 Minuten einwirken lassen. Massieren Sie nun einige Sekunden lang und waschen Sie die Creme dann gründlich aus.

# TROCKENSHAMPOO
## mit Kakao

Für dieses Trockenshampoo sind nur drei Zutaten nötig: Die Stärke nimmt überschüssiges Fett auf, die Tonerde reinigt und der Kakao färbt das Puder leicht, sodass es auf der Kopfhaut nicht auffällt. Das ist eine tolle Notfalllösung, wenn das Haarewaschen einmal um einen Tag verschoben werden muss – sie sollte aber eine Ausnahme bleiben, denn bei zu häufiger Anwendung kann Trockenshampoo die Kopfhaut austrocknen und Schuppenbildung fördern.

### Sie brauchen

- 1 Schüssel
- 1 Esslöffel
- 1 Schneebesen (klein)
- 1 Behälter mit Deckel (100 ml)

**Haltbarkeit:** 12 Monate

### Zutaten

- 1 Esslöffel Kakao (entölt)
- 2 Esslöffel Maisstärke
- 1 Esslöffel weiße Tonerde
- 2 Tropfen ätherisches Zitronenöl (zur Erfrischung), optional

### ZUBEREITUNG

Vermischen Sie alle Zutaten einige Sekunden lang mit dem Schneebesen in einer Schüssel, bis eine homogene Masse entsteht.

### ANWENDUNG

Tragen Sie das Trockenshampoo mit einem großen Schminkpinsel (Kabuki) auf die Haarwurzeln auf und lassen Sie es ein paar Minuten lang einwirken. Kämmen Sie nun überschüssigen Puder aus.

# HAARMASKE
## mit Aloe Vera

Haben Sie sensible oder gereizte Kopfhaut oder leiden Sie häufig unter Juckreiz? Dann ist diese Maske genau die richtige für Sie! Das Aloe-Vera-Gel reinigt die Kopfhaut sanft und beruhigt sie.

### Sie brauchen

- 1 Schüssel
- 1 Esslöffel

**Haltbarkeit:**
zum sofortigen Verbrauch

### Zutaten

- 2 Esslöffel Aloe-Vera-Gel
- 2 Esslöffel Kokosmilch

### ZUBEREITUNG

Verrühren Sie die beiden Zutaten zu einem homogenen Gel.

### ANWENDUNG

Tragen Sie das Gel vor dem Haarewaschen auf die trockenen Haare auf und lassen Sie es mindestens 20 Minuten lang einwirken. Spülen Sie das Gel anschließend mit reichlich Wasser ab und lösen Sie es dabei durch kreisförmige Massage vollständig von der Kopfhaut. Danach können Sie die Haare wie gewohnt waschen.

# FEUCHTIGKEITSMASKE
## mit Reismehl

Reismehl ist ein wahres Wundermittel für die Haare: Es glättet, spendet Feuchtigkeit, macht die Haare geschmeidig und kräftigt stumpfes, angegriffenes Haar. Außerdem glättet es die Haarfasern und verbessert so die Kämmbarkeit.

 Sie brauchen

- 1 Schüssel
- 1 Esslöffel
- 1 Teelöffel

**Haltbarkeit:**
zum sofortigen Verbrauch

 Zutaten

- 3 Esslöffel Reismehl
- 3 Esslöffel Wasser
- 1 Teelöffel Rizinusöl
- 1 Teelöffel Honig

### ZUBEREITUNG

Vermischen Sie alle Zutaten zu einer klümpchenfreien Paste.

### ANWENDUNG

Tragen Sie die Mischung vor dem Haarewaschen auf die trockenen Haare auf und lassen Sie sie mindestens 20 Minuten lang einwirken. Spülen Sie die Paste anschließend mit reichlich Wasser ab und lösen Sie sie dabei durch kreisförmige Massage vollständig. Danach können Sie die Haare wie gewohnt waschen.

# SANFTES PEELING
## *für die Kopfhaut*

Dieses Peeling belebt Ihre Kopfhaut. Es entfernt Unreinheiten, wie Talgrückstände, Schmutz und abgestorbene Hautzellen. Sie können auch ätherisches Pfefferminzöl hinzufügen, das für seine entzündungshemmende Wirkung bekannt ist und die Kopfhaut beruhigt. Außerdem ist es reich an Menthol, was die Durchblutung fördert und den Haarwuchs beschleunigt.

### Sie brauchen

- 1 Schüssel
- 1 Esslöffel

**Haltbarkeit:** zum sofortigen Verbrauch

### Zutaten

- 4 Esslöffel Kokosmilch oder Aloe-Vera-Gel
- 2 Esslöffel feines Salz
- 10 Tropfen Pfefferminzöl, optional

## ZUBEREITUNG

Verrühren Sie alle Zutaten in einer Schüssel.

## ANWENDUNG

Tragen Sie die Paste auf Ihrer Kopfhaut auf, ohne die Haare in der Länge damit zu bedecken, und massieren Sie sie ein mit kreisenden Fingerbewegungen. Spülen Sie das Peeling dann sofort aus.

# HAARSPITZENPFLEGE
## mit Olivenöl und Aloe Vera

Ich liebe dieses Pflegegel aus Öl und Aloe Vera, denn es ist weder zu fett noch zu stark beschwerend. Olivenöl ist dafür bekannt, dass es die Haare mit Nährstoffen versorgt, aber Sie können auch auf andere Pflanzenöle zurückgreifen, zum Beispiel auf Sesam- oder auf Macadamiaöl.

### Sie brauchen

- 1 Schüssel
- 1 Esslöffel
- 1 Schneebesen (klein)

**Haltbarkeit:** zum sofortigen Verbrauch

### Zutaten

- 1 Teelöffel Olivenöl
- 1 Esslöffel Aloe-Vera-Gel
- 2 Tropfen ätherisches Ylang-Ylang-Öl (das macht die Haare schön), optional

## ZUBEREITUNG

Vermischen Sie die Zutaten einige Sekunden lang mit dem Schneebesen in einer Schüssel, bis eine homogene Mischung entsteht.

## ANWENDUNG

Tragen Sie das Gel vor dem Kämmen auf die feuchten Haaren auf.

# SPÜLUNG mit Apfelessig

Durch den Apfelessig ist diese Spülung sauer. Der günstige pH-Wert sorgt dafür, dass die Haarschuppen sich schließen und die Haare von der Wurzel bis zur Spitze geglättet werden. Dadurch sind sie leichter kämmbar und bekommen neuen Glanz. Keine Angst: Der Essiggeruch verfliegt nach dem Trocknen schnell.

### Sie brauchen

- 1 Karaffe oder Flasche (1 l)

**Haltbarkeit:** zum sofortigen Verbrauch

### Zutaten

- 5 Esslöffel Apfelessig (75 ml)
- Wasser

## ZUBEREITUNG

Füllen Sie den Apfelessig in die Flasche und füllen Sie diese dann mit Wasser auf.

## ANWENDUNG

Waschen Sie Ihre Haare. Tragen Sie die Apfelessigmischung auf die handtuchtrockenen Haare auf. Achten Sie dabei besonders darauf, dass die Kopfhaut gut benetzt wird, und gönnen Sie sich eine kurze Kopfmassage. Waschen Sie die Spülung nicht aus, sondern trocknen Sie die Haare direkt.

# FARBREFLEXE
## *auf natürliche Art*

Sie wollen Ihre Haare leicht aufhellen und wünschen sich hübsche Farbreflexe? Dann ist das die Pflege Ihrer Wahl! Die vier Zutaten haben alle eine natürliche aufhellende Wirkung und verleihen den Haaren Geschmeidigkeit und Glanz.

### Sie brauchen

- 1 Schüssel
- 1 Esslöffel
- 1 Teelöffel

**Haltbarkeit:** zum sofortigen Verbrauch

### Zutaten

- 1 Tasse Kamillentee (250 ml)
- Saft einer Zitrone
- 1 Esslöffel Honig
- 1 Teelöffel Zimt

### ZUBEREITUNG

Rühren Sie den Zitronensaft, den Honig und den Zimt in den Kamillentee ein.

### ANWENDUNG

Verteilen Sie die Spülung auf Ihren Haaren und lassen Sie sie unter einem Handtuch einen Tag lang einwirken. Spülen Sie sie anschließend aus und waschen Sie Ihre Haare dann wie gewohnt. Wiederholen Sie diese Anwendung so lange, bis die gewünschte Wirkung erreicht wurde.

# Beach Waves mit
# MEERWASSER-HAARSPRAY

Meersalz-Haarspray ist ein echter Klassiker. Es gibt feinem Haar Halt und Fülle und sorgt mit seinem mattierenden Effekt für den perfekten Undone Look, der einer kalifornischen Surferin würdig wäre.

### Sie brauchen

- 1 Stieltopf
- 1 Esslöffel
- 1 Teelöffel
- 1 Sprayflasche (100 ml)

**Haltbarkeit:** 1 Monat

### Zutaten

- 1 Esslöffel Meersalz
- 2 Esslöffel Aloe-Vera-Gel
- 1 Teelöffel Olivenöl
- 4 Esslöffel Wasser (60 ml)
- 10 Tropfen ätherisches Zitronenöl, optional

## ZUBEREITUNG

Erhitzen Sie Salz und Wasser in einem Stieltopf, bis das Salz sich aufgelöst hat. Füllen Sie dann sämtliche Zutaten in die Sprühflasche und vermischen Sie sie durch kräftiges Schütteln.

## ANWENDUNG

Schütteln Sie die Sprühflasche vor jeder Anwendung kräftig. Sprühen Sie das Spray auf Ihre Haare. Durch Kneten entstehen natürliche Wellen. Sie können das Spray auch auf die feuchten Haare auftragen, um sie zu ummanteln.

# REZEPTVERZEICHNIS

# REGISTER

ISBN 978-3-8094-4519-7

1. Auflage

Die Originalausgabe erschien auf Französisch unter dem Titel *Soins naturels minute*.

Fotos, Texte, Styling: Émilie Hébert
Fotos S. 2 und 7: © Nathalie Carnet
Styling: Audrey Cosson
Illustrationen: © iStock.



Projektleitung dieser Ausgabe: Dr. Iris Hahner
Umschlaggestaltung: Atelier Versen, Bad Aibling
Übersetzung: SAW Communications, Ulrike Brandhorst
Satz: SAW Communications in Zusammenarbeit mit alles mit Medien, Anke Enders, Sprendlingen
Redaktion und Producing: SAW Communications, Redaktionsbüro Dr. Sabine A. Werner, Klein-Winternheim
Herstellung: Elke Cramer



Druck und Bindung: Mohn Media Mohndruck GmbH, Gütersloh

Printed in Germany

Penguin Random House Verlagsgruppe FSC® N001967